SABRINA SUE DANIELS

HAFER

Das Koch- und Backbuch

SABRINA SUE DANIELS

HAFER
Das Koch- und Backbuch

Süß und herzhaft genießen mit
Porridge, Kuchen, Bowls, Brot und mehr

riva

Bibliografische Information der Deutschen Nationalbibliothek
Die Deutsche Nationalbibliothek verzeichnet diese Publikation in der Deutschen Nationalbibliografie. Detaillierte bibliografische Daten sind im Internet über https://dnb.de abrufbar.

Für Fragen und Anregungen
info@rivaverlag.de

Wichtiger Hinweis
Ausschließlich zum Zweck der besseren Lesbarkeit wurde auf eine genderspezifische Schreibweise sowie eine Mehrfachbezeichnung verzichtet. Alle personenbezogenen Bezeichnungen sind somit geschlechtsneutral zu verstehen.

Originalausgabe
1. Auflage 2023

Türkenstraße 89
80799 München
Tel.: 089 651285-0
Fax: 089 652096

Redaktion: Stephanie Kaiser-Dauer
Umschlaggestaltung: Manuela Amode
Umschlagabbildungen und Abbildungen Innenteil: Sabrina Sue Daniels
Layout und Satz: Müjde Puzziferri, MP Medien, München
Druck: Florjancic Tisk d.o.o., Slowenien
Printed in the EU

ISBN Print 978-3-7423-2248-7
ISBN E-Book (PDF) 978-3-7453-2036-7
ISBN E-Book (EPUB, Mobi) 978-3-7453-2037-4

Wir produzieren nachhaltig
www.m-vg.de

Weitere Informationen zum Verlag finden Sie unter

www.rivaverlag.de

Beachten Sie auch unsere weiteren Verlage unter www.m-vg.de

INHALT

Unser täglich Brot! 105

KLEINES KORN, GROSSE WIRKUNG

Ob herzhaft oder süß, als Zutat im Müsli, Smoothie, Porridge oder Bratling: Hafer ist nicht nur super lecker und vielseitig, sondern auch sehr gesund.

Hafer – nur Trend oder doch ein Superfood?

Als heimisches Superfood ist das trendige Getreide aus der Familie der Süßgräser reich an Vitamin B1, B6, an Mineralstoffen wie Eisen, Magnesium und Kalzium sowie an Ballaststoffen. Besonders hervorzuheben ist hier der lösliche Ballaststoff Beta-Glucan, der nachweislich den Cholesterinspiegel senkt, indem er überschüssige Gallensäuren und Cholesterin im Dünndarm bindet.

Unser Darm und besonders die darin lebenden Darmbakterien lieben Hafer und die daraus hergestellten Produkte. Das ganze Korn wie auch Haferflocken, Haferkleie und Hafermehl zählen zu den probiotischen Lebensmitteln, die das Wachstum und die Aktivität unserer Darmbakterien fördern.

Die im Hafer enthaltenen Ballaststoffe quellen im Darm auf, erhöhen das Stuhlvolumen und bringen die Verdauung in Schwung. Ein altbewährtes Hausmittel ist Haferschleim, da er gerade bei Magen-Darm-Beschwerden oder Durchfall besonders leicht verdaulich ist. Wie immer gilt auch hier: Ausreichend trinken, damit es nicht zu Verstopfungen kommt – 1,5 bis 2 Liter pro Tag sind empfehlenswert.

100 g Haferflocken enthalten rund 368 kcal, 13,5 g Proteine, 58,7 g Kohlenhydrate, 7 g Fett und 10,1 g Ballaststoffe.

Bei Sportlern ist Hafer sehr beliebt, da er mit seinen komplexen Kohlenhydraten und dem biologisch hochwertigen pflanzlichen Eiweiß schnell Energie liefert und lange sättigt.

Auch wer abnehmen möchte, sollte sich unbedingt an Haferflocken halten – selbst wenn die Kilokalorien auf den ersten Blick etwas anderes vermuten lassen. Denn genau wie andere Vollkornprodukte enthalten Haferflocken zahlreiche komplexe Kohlenhydrate, die über einen längeren Zeitraum sättigen und Heißhungerattacken vorbeugen.

IST HAFER GLUTENFREI?

Hafer ist von Natur aus glutenfrei, doch durch verunreinigten Anbau und entsprechende Lieferketten kommt er häufig in Kontakt mit anderen glutenhaltigen Getreidesorten wie Weizen, Dinkel, Roggen oder Gerste. Daher gilt er nur noch als glutenarm.

Menschen mit einer Glutenunverträglichkeit sollten daher unbedingt auf glutenfreie Haferprodukte zurückgreifen. Glutenfreie Haferflocken sind auch als solche gekennzeichnet.

FLOCKE ODER KORN, WO IST DER UNTERSCHIED?

Haferflocken, zart oder grob

Beide Flockenarten haben die gleiche Zusammensetzung, da sie aus ganzen Haferkörnern hergestellt werden. Bei den zarten Flocken werden die Körner jedoch vor dem Quetschen zerkleinert.

Zarte Haferflocken eignen sich hervorragend für Porridge oder Bratlinge, während grobe Haferflocken Müsli und Brot einen kernigen Biss verleihen.

Gekeimte Haferflocken

Haferflocken sind zwar schon im ungekeimten Zustand ein absolutes Powerfood. Allerdings enthalten ungekeimte Flocken Phytinsäure. Diese Säure bindet die ebenfalls in den Flocken enthaltenen Mineralstoffe und Spurenelemente wie Eisen, Magnesium, Kalzium und Zink, wodurch diese schwerer vom Körper aufgenommen werden können.

Beim Keimen verändert sich die Zusammensetzung des Korns: Die Phytinsäure kann bis zu 40 Prozent abgebaut werden. Außerdem werden Enzyme, sogenannte Amylasen, aktiviert, die für die Verdauung der Kohlenhydrate im menschlichen Körper verantwortlich sind. Dadurch wird gerade bei Menschen mit Magen-Darm-Beschwerden die Verdauung erleichtert.

Statt gekeimte Haferflocken im Supermarkt zu kaufen, können Sie die in den Haferflocken enthaltene Phytinsäure auch reduzieren, indem Sie sie für 30 Minuten einweichen. Auch Overnight Oats (Seite 15) sind eine gute Möglichkeit, die Haferflocken bekömmlicher zu machen.

Hafer als ganzes Korn

Hafer kann gekocht als ganzes Korn in Aufläufen, Bratlingen oder Suppen verwendet werden. Er lässt sich jedoch hervorragend auch zu Haferflocken quetschen oder zu Mehl vermahlen. Spelzen sind trockene Blatthüllen, zwischen denen das Getreidekorn an der Ähre wächst. Bei der Ernte muss das Korn entspelzt werden, da dieser Bestandteil des Korns für die menschliche Ernährung nicht geeignet ist. Da die Spelze fest am Korn sitzt, wird der Keimling bei einem Viertel bis zu einem Drittel der Haferkörner versehentlich entfernt, wodurch die Keimfähigkeit reduziert wird. Dieses Korn eignet sich daher nicht zum Ziehen von Sprossen.

Nackthafer oder Sprießkornhafer

Nackthafer, auch Sprießkornhafer genannt, ist eine besondere Züchtung des Hafers. Er besitzt im Gegensatz zu Hafer keine Spelzen. Möchten Sie Sprossen ziehen, sollten Sie unbedingt auf Nackthafer zurückgreifen, da er zu 90 Prozent keimfähig ist. Genau wie Hafer kann Nackthafer zu Flocken, Mehl oder als ganzes Korn verarbeitet werden.

Haferkleie

Für Haferkleie werden die äußeren nährstoffreichen Randschichten des Mehlkörpers und des Haferkornkeimlings verarbeitet. Haferkleie ist feiner als Haferflocken und hat eine kernige, leicht mehlige Konsistenz. Im Gegensatz zu Haferflocken enthält Haferkleie 50 Prozent mehr Ballaststoffe (Beta-Glucan). Daher sollten Sie beim Verzehr zusätzlich ausreichend Flüssigkeit aufnehmen, da es sonst zu Verstopfung kommen kann.

Haferkleie eignet sich besonders für Müsli, Joghurt oder auch für Smoothies.

Hafermehl

Hafermehl wird aus Haferkörnern fein zermahlen. Das Mehl aus dem Powerkorn lässt sich aber auch ganz leicht selbst herstellen. Wenn Sie keine Getreidemühle haben, können Sie grobe oder zarte Haferflocken in einem Multizerkleinerer fein zermahlen.

Süße Flocken

Peanut Butter Cup Overnight Oats

(FÜR 2 PORTIONEN) • ZUBEREITUNGSZEIT: 15 MINUTEN • EINWEICHZEIT: 2 STUNDEN ODER ÜBER NACHT

ZUTATEN:

- 100 g feine Haferflocken
- 1 TL Leinsamen, geschrotet
- 400 ml Haferdrink
- 2 EL Ahornsirup
- 100 g Himbeeren
- 20 g geröstete und gesalzene Erdnüsse
- 50 g Zartbitterschokolade

1. Haferflocken, Leinsamen, Haferdrink und Ahornsirup miteinander vermischen. Mischung auf 2 Gläser verteilen und im Kühlschrank kalt stellen.
2. Am nächsten Tag mit der Hälfte der Himbeeren belegen. Erdnüsse grob hacken. Zartbitterschokolade ebenfalls grob hacken und über einem Wasserbad schmelzen.
3. Geschmolzene Schokolade auf den Himbeeren verteilen. Gehackte Erdnüsse und restliche Himbeeren auf der Schokolade verteilen.
4. Gehärtete Schokoladenschicht mit einem Löffel knacken und genießen.

Tipp:

Für einen extra nussigen Touch einfach vor der Kühlzeit 2 TL Erdnussmus unter die Mischung rühren.

Schoko-Karamell-Riegel

(FÜR 16 RIEGEL) • ZUBEREITUNGSZEIT: 30 MINUTEN • KÜHLZEIT: 70 MINUTEN

ZUTATEN:

250 g Datteln, entsteint
100 g Haferflockenmehl
50 g Kokosraspeln
50 g Kokosöl
60 g Erdnussbutter, flüssig
1 Vanilleschote
1 Prise Salz
80 g cremige Kokosmilch
75 g geröstete und gesalzene Erdnüsse
300 g Zartbitterschokolade

1. Backform (15×24 cm) mit Backpapier auslegen. Für den Haferflockenboden 50 g Datteln, Haferflockenmehl, Kokosraspeln und Kokosöl in einem Mixer fein zermahlen.
2. Masse auf dem Boden der Form verteilen, fest andrücken und im Gefrierfach 30 Minuten kühlen.
3. Für die Karamellcreme restliche Datteln (200 g), Erdnussbutter, das Mark einer Vanilleschote, Salz und Kokosmilch in einen Mixer geben und fein pürieren.
4. Backform aus dem Gefrierfach nehmen und Keksboden gleichmäßig mit der Creme bestreichen.
5. Erdnüsse grob hacken. ⅔ der Erdnüsse auf der Creme verteilen und leicht andrücken. Backform für weitere 30 Minuten im Gefrierfach kalt stellen.
6. Zartbitterschokolade grob hacken und über einem Wasserbad schmelzen. Gekühlten Keksboden aus dem Gefrierfach nehmen und mit einem scharfen Messer in 16 gleich große Riegel schneiden. Riegel in die geschmolzene Schokolade tauchen und auf ein mit Backpapier ausgelegtes Brett legen.
7. Mit den restlichen Erdnüssen bestreuen. Im Kühlschrank vollständig trocknen lassen. 5 Minuten vor dem Verzehr aus dem Kühlschrank nehmen und genießen.

Tipp:

Die Schoko-Karamell-Riegel halten sich im Kühlschrank bis zu 8 Tage. Im Gefrierfach kann man sie sogar über mehrere Monate lagern. Einfach 30 Minuten vor dem Genuss aus dem Gefrierfach nehmen und auftauen lassen.

Wärmendes Frühstücks-Mohn-Porridge

(FÜR 2 PORTIONEN)

ZUTATEN:

- 50 g Haselnüsse
- 1 Birne
- 1 Banane
- 100 g gekeimte Haferflocken, alternativ: zarte Haferflocken
- 1 Prise Salz
- 1 EL Mohn
- 400 ml Haferdrink
- 1 EL Honig, alternativ: Ahornsirup
- 1 TL Zimt
- 1 TL Butter

1. Haselnüsse grob hacken. Birne entkernen. Birne und Banane in Scheiben schneiden.
2. Haferflocken, Salz, Mohn und Haferdrink in einen Topf geben und aufkochen lassen. Unter Rühren 2–3 Minuten oder bis zur gewünschten Konsistenz köcheln lassen.
3. Honig und Zimt unterrühren und anschließend auf Schälchen verteilen.
4. Butter in einer Pfanne schmelzen. Birnenscheiben darin für 2 Minuten schwenken.
5. Birne und Banane auf dem Porridge verteilen und mit Haselnüssen bestreut genießen.

Tipp:

Schmeckt auch super mit verschiedenen Nussmusen wie Erdnuss- oder Haselnussmus. Himbeeren, Erdbeeren oder Heidelbeeren passen ebenfalls hervorragend dazu.

Zimt-Granola-Bites

(FÜR 10 PORTIONEN À 50G) • ZUBEREITUNGSZEIT: 15 MINUTEN •
BACKZEIT: 25 MINUTEN

ZUTATEN:

250 g grobe Haferflocken
80 g Sonnenblumenkerne
50 g Mandelblättchen
50 g Rohrzucker
¼ TL Salz
1 TL Zimt
100 ml Honig
50 ml Kokosöl, flüssig
1 TL Vanillearoma

1. Haferflocken, Sonnenblumenkerne, Mandelblättchen, Rohrzucker, Salz und Zimt miteinander vermischen.
2. In einer weiteren Schüssel Honig, Kokosöl und Vanillearoma mischen. Honigmischung zum Haferflockenmix geben. Mit den Händen gut vermengen und kneten, sodass alles von der Honigmischung ummantelt ist.
3. Backofen auf 150 °C Ober-/Unterhitze vorheizen. Die Haferflockenmasse auf ein mit Backpapier ausgelegtes Backblech legen und im heißen Backofen auf mittlerer Einschubhöhe 20–25 Minuten goldbraun backen.
4. Müsli vollständig auskühlen lassen. Anschließend in ein luftdichtes Glas füllen und bis zur Verwendung kühl und trocken lagern. Es hält sich bis zu 3 Monate.

Tipp:

Sie mögen Rosinen, Bananenchips oder Walnüsse im Müsli? Kein Problem. Einfach die oben angegebenen Mengenangaben durch Ihre Lieblingszutat ersetzen. Für eine weihnachtliche Note können Sie auch ½ TL Spekulatiusgewürz unter das Müsli mischen.

Haferflockenbutter

(FÜR 1 GLAS À 270 ML) • ZUBEREITUNGSZEIT: 20 MINUTEN • BACKZEIT: 15 MINUTEN

ZUTATEN:

100 g Pekannüsse
150 g zarte Haferflocken
1 TL Zimt
½ Vanilleschote
1 Prise Salz
50 ml Kokosöl, flüssig
3 EL Ahornsirup

1. Backofen auf 150 °C Ober-/Unterhitze vorheizen und ein Backblech mit Backpapier auslegen.
2. Pekannüsse und Haferflocken gleichmäßig darauf verteilen. Im heißen Backofen 12–15 Minuten goldbraun rösten, dabei einmal durchmischen.
3. Pekannüsse, Haferflocken, Zimt, das Mark einer halben Vanilleschote, Salz, Kokosöl und Ahornsirup in einen Hochleistungsmixer geben. Die Zutaten zu einer cremigen Masse pürieren. Das kann je nach Mixer bis zu 15 Minuten dauern.
4. Sobald die Masse die gewünschte Konsistenz erreicht hat, in ein sauberes Glas füllen. An einem kühlen Ort außerhalb des Kühlschranks hält sich die Haferflockenbutter bis zu 2 Wochen.

Tipp:

Lust auf herrlich cremiges Eis? Die Haferflockenbutter eignet sich hervorragend als Basis für die Butter-Oats-Eiscreme (Seite 44).

Protein-Mango-Shake

(FÜR 2 PORTIONEN) • ZUBEREITUNGSZEIT: 10 MINUTEN

ZUTATEN:

- 200 g TK-Mango
- 250 ml Buttermilch
- 25 g Haferflockenbutter (Seite 23)
- 2 TL gekeimte Haferflocken, alternativ: zarte Haferflocken
- 75 ml Kokosmilch
- etwas Limettenabrieb
- Eiswürfel
- frische Minzblättchen

1. Mango, Buttermilch, Haferflockenbutter, Haferflocken, Kokosmilch und Limettenabrieb in einen Mixer geben und fein pürieren.
2. Smoothie in Gläser geben und mit Eiswürfeln auffüllen.
3. Mit Minze dekorieren und genießen.

Tipp:

Statt Haferflockenbutter können Sie auch 25 g lösliches Mandelmus verwenden. Je süßer die Mango, desto weniger oder gar keinen Zucker benötigt das Rezept. Mögen Sie es süßer, geben Sie etwas Zucker oder Ahornsirup hinzu.

Haferflocken-Schoko-Cookies

(FÜR 10 STÜCK) • ZUBEREITUNGSZEIT: 15 MINUTEN • BACKZEIT: 25 MINUTEN

ZUTATEN:

50 g Butter, weich
150 g Erdnussbutter
50 g Muscovadozucker
30 g Zucker
1 TL Vanilleextrakt
1 Ei, Größe M
60 g Dinkelmehl
¼ TL Salz
80 g feine Haferflocken
1 TL Backpulver
80 g Schokoladentröpfchen

1. Backofen auf 170 °C Ober-/Unterhitze vorheizen und ein Backblech mit Backpapier auslegen.
2. Butter, Erdnussbutter, Muscovadozucker, Zucker, Vanilleextrakt und Ei cremig rühren.
3. Dinkelmehl, Salz, Haferflocken und Backpulver miteinander vermischen.
4. Mehlmix unter die Buttermasse rühren. Schokoladentröpfchen hinzugeben und zu einem geschmeidigen Teig verkneten. (Achtung: Die Masse ist leicht krümelig, lässt sich aber gut formen.)
5. Aus dem Teig 10 gleich große Kugeln formen, auf das Blech legen und mit den Händen platt drücken.
6. Cookies im heißen Backofen 13–15 Minuten goldbraun backen. Aus dem Backofen nehmen und 10 Minuten auskühlen lassen.

Tipp:

Sie sind ein Fan von Trockenfrüchten? Statt Schokolade schmecken auch Rosinen oder Cranberrys ganz hervorragend.

Fruchtiger Frischkornbrei

(FÜR 2 PORTIONEN) • ZUBEREITUNGSZEIT: 15 MINUTEN • EINWEICHZEIT: 8 STUNDEN ODER ÜBER NACHT

ZUTATEN:

80 g Nackthafer
300 g Natur-Joghurt
4 EL Ahornsirup
1 Vanilleschote
250 g frische Beeren nach Wahl (Johannisbeeren, Himbeeren, Stachelbeeren)
2 EL Hafer gepufft, süße Variante (Seite 97)

1. Nackthafer in eine Schüssel geben, mit Wasser bedecken und über Nacht einweichen lassen. Am nächsten Tag das Wasser abgießen.
2. Joghurt, Ahornsirup und das Mark einer Vanilleschote cremig rühren. Beeren waschen, trocknen lassen und nach Bedarf klein schneiden.
3. Joghurt auf 2 Schüsseln verteilen. Eingeweichten Hafer und Beeren darauf verteilen und mit gepufftem Hafer bestreut genießen.

Tipp:

Wer seinen Frischkornbrei etwas feiner genießen möchte, kann den Nackthafer vor dem Einweichen grob schroten. Naschkatzen können noch 50 g grob gehackte Zartbitterschokolade unter den Joghurt rühren.

Morning Glory Joghurt Bowl

(FÜR 2 PORTIONEN) • ZUBEREITUNGSZEIT: 15 MINUTEN

ZUTATEN:

1 Kiwi
200 g Erdbeeren
1 Nektarine
50 g Pekannüsse
400 g Haferjoghurt oder Kokosjoghurt
2 EL Haferflockenbutter (Seite 23)
60 g grobe Haferflocken
2 EL Ahornsirup
optional: essbare Blüten

1. Kiwi schälen, halbieren und in Scheiben schneiden. Erdbeeren verlesen, das Grün entfernen und ebenfalls halbieren. Nektarine entkernen und vierteln. Pekannüsse grob hacken.
2. Joghurt und Haferflockenbutter cremig rühren und auf 2 Schüsseln verteilen. Kiwi, Erdbeeren, Nektarinen darauf anrichten.
3. Pekannüsse und Haferflocken darüberstreuen und mit Ahornsirup beträufelt servieren. Wer möchte, kann seine Bowl noch mit essbaren Blüten dekorieren.

Gebackene Schokoladen-Oats mit Sommerfrüchten

(FÜR 8 STÜCKE) • ZUBEREITUNGSZEIT: 15 MINUTEN • BACKZEIT: 50 MINUTEN

ZUTATEN:

- 2 reife Bananen
- 600 ml Hafermilch ohne Zuckerzusätze
- 200 g kernige Haferflocken
- 1 Vanilleschote
- 80 ml Ahornsirup
- 1 TL Zimt
- 400 g Beeren
- 80 g Schokoladentropfen

1. Bananen und Hafermilch in einen Mixer geben und fein pürieren. Anschließend mit Haferflocken, dem Mark einer Vanilleschote, Ahornsirup und Zimt vermischen.
2. Eine Backform (24 × 34 cm) einfetten. Haferflockenmasse in die Form schichten.
3. Die Hälfte der Beeren darauf verteilen und teilweise unterrühren. Mit Schokoladentropfen bestreuen und im Backofen bei 180 °C Ober-/Unterhitze 45–50 Minuten backen.
4. Nach dem Backen kurz auskühlen lassen. Mit den restlichen Früchten dekorieren und genießen.

Tipp:

Gebackene Schokoladen-Oats schmecken warm, aber auch kalt ganz hervorragend. Wer möchte, kann zusätzlich 100 g grob gehackte Nüsse unter die Haferflockenmasse mischen.

Beeren-Granola-Trifle

(FÜR 2 PORTIONEN) • ZUBEREITUNGSZEIT: 20 MINUTEN

ZUTATEN:

200 g frische Früchte oder Beeren nach Wahl
4 EL Orangensaft
150 g griechischer Joghurt
150 g Magerquark
1 Vanilleschote
2 EL Ahornsirup, alternativ: Honig
70 g Zimt-Granola-Bites (Seite 20)
Minzblätter zur Deko

1. Früchte oder Beeren je nach Größe klein schneiden und anschließend mit Orangensaft fein pürieren. Joghurt, Magerquark, das Mark einer Vanilleschote und Ahornsirup cremig rühren.
2. Jeweils auf dem Boden eines Trinkglases die Hälfte der Zimt-Granola-Bites geben; je nach Größe eventuell ein wenig zerkleinern. ⅓ der Creme auf die beiden Gläser verteilen.
3. Die Beeren darauf verteilen und erneut mit ⅓ der Creme bestreichen.
4. Das restliche Granola auf der Creme verteilen und mit der übrigen Creme auffüllen.
5. Nun nach Lust und Laune mit den restlichen Beeren oder Früchten und Minze dekorieren.
6. Beeren-Granola-Trifle für mindestens 30 Minuten im Kühlschrank kalt stellen.

Himbeer-Porridge-Muffins

(FÜR 12 MUFFINS) • ZUBEREITUNGSZEIT: 15 MINUTEN • BACKZEIT: 25 MINUTEN

ZUTATEN:

250 ml Milch
100 g grobe Haferflocken
80 g Walnüsse
100 g Butter, weich
100 g Rohrzucker
1 TL Zimt
1 Prise Salz
1 Vanilleschote
1 Ei, Größe M
150 g Dinkelmehl, Type 630
2 TL Backpulver
150 g Himbeeren

1. Milch und Haferflocken miteinander vermischen und 15 Minuten stehen lassen.
2. Walnüsse grob hacken. Butter, Rohrzucker, Zimt, Salz, das Mark einer Vanilleschote und Ei cremig rühren.
3. Dinkelmehl und Backpulver miteinander vermischen. Anschließend mit den eingeweichten Haferflocken und dem Buttergemisch zu einem geschmeidigen Teig verrühren.
4. Backofen auf 180 °C Ober-/Unterhitze vorheizen. Teig in ein mit Papierförmchen ausgelegtes Muffinblech füllen.
5. Muffins mit gehackten Walnüssen und Himbeeren belegen und im heißen Backofen 20–25 Minuten goldbraun backen.

Tipp:

Die Muffins schmecken auch super lecker mit Heidelbeeren.

Aprikosen-Crumble

(2 PORTIONEN) • ZUBEREITUNGSZEIT: 15 MINUTEN • BACKZEIT: 20 MINUTEN

ZUTATEN:

- 8 Aprikosen
- 80 g Vollkornhafermehl
- 40 g Butter, kalt
- 40 g Vollrohrzucker
- ½ TL Zimt
- 1 Prise Salz
- 1 TL Vanilleextrakt
- 25 g Mandelblättchen
- optional: Joghurt oder Butter-Oats-Eiscreme (Seite 44)

1. Backofen auf 180 °C Ober-/Unterhitze vorheizen und eine Auflaufform bereitstellen.
2. Aprikosen entsteinen und vierteln.
3. Hafermehl, Butter, Zucker, Zimt, Salz und Vanilleextrakt in eine Schüssel geben und zu Streuseln verkneten. Mandelblättchen zum Schluss locker unterkneten.
4. Aprikosen in der Auflaufform verteilen. Streusel darauf verteilen und anschließend im heißen Backofen 30–35 Minuten goldbraun backen.
5. Nach dem Backen optional mit Joghurt oder Eiscreme servieren und genießen.

Tipps:

Für eine vegane Version statt der Butter Margarine verwenden und den Joghurt durch eine pflanzliche Variante ersetzen.

Ist keine Aprikosensaison, verwenden Sie einfach 350 g Ihres Lieblingsobstes.

Hafer-Kürbis-Spice-Latte

(FÜR 2 PORTIONEN) • ZUBEREITUNGSZEIT: 20 MINUTEN

ZUTATEN:

- 200 g Hokkaido-Kürbis
- 3 TL Kakaopulver
- ½ TL gemahlener Ingwer
- ¼ TL Kardamom
- ½ TL gemahlener Zimt
- 1 Msp. Muskat
- 1 Msp. schwarzer Pfeffer
- 2 TL Rohrohrzucker
- 400 ml Haferdrink ohne Zuckerzusätze
- 50 ml Sahne, alternativ: vegane Schlagcreme
- 1 TL Zartbitterschokolade, gerieben

1. Kürbis grob würfeln. In einen Topf mit Wasser geben und bei mittlerer Hitze 15 Minuten gar köcheln lassen. Kochwasser abgießen. Kürbis ausdampfen lassen und anschließend fein pürieren.
2. Kakao, Ingwer, Kardamom, Zimt, Muskat, Pfeffer und Rohrzucker miteinander vermischen.
3. Haferdrink zusammen mit der Kakaomischung erwärmen. Sahne steif schlagen.
4. Für 2 Gläser je 1 EL Kürbispüree in ein Glas geben, mit Gewürzkakao auffüllen und mit der Sahne dekorieren. Mit Zartbitterschokolade bestreuen und genießen.

Tipp:

Wenn es besonders schnell gehen muss, statt der einzelnen Gewürze einfach ½ TL Spekulatius- oder Lebkuchengewürz mit dem Kakaopulver und dem Rohrzucker mischen.

Gefüllte Schoko-Hafer-Datteln

(FÜR 12 STÜCK) • ZUBEREITUNGSZEIT: 35 MINUTEN

ZUTATEN:

1 TL Nackthafer
250 g Medjool-Datteln, entsteint (11–12 Datteln)
60 g Haferflockenbutter (Seite 23)
100 g Zartbitterschokolade
grobes Meersalz

1. Nackthaferkörner in eine heiße Pfanne ohne Öl geben und unter Schwenken oder Rühren bei mittlerer Hitze aufpoppen lassen. Die Körner springen ähnlich wie Popcorn, nur nicht so hoch. Das Volumen ändert sich kaum, aber beim Probieren merkt man den Unterschied.
2. Datteln mit einem scharfen Messer längs halb aufschneiden, aber nicht durchschneiden.
3. Jede Dattel mit jeweils ½ TL Haferflockenbutter füllen und vorsichtig verschließen.
4. Zartbitterschokolade grob hacken und über einem Wasserbad schmelzen. Datteln in die geschmolzene Schokolade tauchen und anschließend auf einem Pralinenabtropfgitter abtropfen lassen. Alternativ auf einen mit Backpapier ausgelegten Teller legen.
5. Pralinen mit gepufftem Hafer und grobem Meersalz bestreuen. Im Kühlschrank kalt stellen.

Butter-Oats-Eiscreme

(FÜR 8 PORTIONEN) • ZUBEREITUNGSZEIT: 20 MINUTEN • KÜHLZEIT: 6 STUNDEN

ZUTATEN:

25 g kernige Haferflocken
400 ml Schlagsahne
300 ml gezuckerte Kondensmilch
70 g Haferflockenbutter (Seite 23)

1. Haferflocken in einer Pfanne ohne Fett bei mittlerer Hitze und unter gelegentlichem Rühren goldbraun rösten. Anschließend zur Seite stellen und auskühlen lassen. Schlagsahne steif schlagen.
2. Gezuckerte Kondensmilch und Haferflockenbutter in einer Schüssel cremig rühren. Anschließend mit einem Schneebesen vorsichtig unter die Schlagsahne heben.
3. Masse in eine Kastenform füllen und mit den gerösteten Haferflocken bestreuen. Im Gefrierfach mindestens 6 Stunden kalt stellen.
4. 10 Minuten vor dem Servieren aus dem Kühlschrank nehmen und genießen.

Tipp:

Zuckerschnuten aufgepasst! Auch Oreo-Kekse, Nüsse oder Schokoladenstücke schmecken unglaublich lecker in der Eiscreme.

Herzhafte Haferküche

Zucchini-Haferflocken-Puffer mit Dill-Schmand

(FÜR 2 PORTIONEN) • ZUBEREITUNGSZEIT: 30 MINUTEN

ZUTATEN:

Meerrettich-Dill-Schmand:

¼ Bund Dill
1 TL Sahnemeerrettich (Glas)
100 g Schmand
1 TL Zitronensaft
Salz
Pfeffer

Zucchini-Haferflocken-Puffer:

1 Zwiebel
2 Knoblauchzehen
1 Zucchini (300 g)
50 g feine Haferflocken
1 Ei, Größe M
50 g Bergkäse, gerieben
Pfeffer
Salz
Rapsöl zum Braten
optional: 80 g geräucherter Lachs

1. Für den Dip Dill fein hacken. Zusammen mit Sahnemeerrettich, Schmand und Zitronensaft in eine Schüssel geben und cremig rühren. Mit Salz und Pfeffer abschmecken und zur Seite stellen.
2. Für die Puffer Zwiebel und Knoblauch schälen und fein hacken. Zucchini grob raspeln, salzen und 10 Minuten stehen lassen. Zucchini anschließend in ein Sieb geben und die Flüssigkeit fest ausdrücken. Zwiebeln, Knoblauch, Zucchini, Haferflocken, Ei und Bergkäse in eine Schüssel geben und miteinander vermengen. Mit Salz und Pfeffer abschmecken.
3. Aus der Masse 6 Puffer formen. Rapsöl in einer Pfanne erhitzen. Puffer bei mittlerer Hitze von beiden Seiten 2–3 Minuten goldbraun braten, dabei vorsichtig wenden. Nach dem Braten auf einem Küchenkrepp abtropfen lassen.
4. Puffer mit dem Dip bestreichen. Optional Lachs darauf anrichten und servieren.

Poke Bowl mit Lachs und Edamame

(FÜR 2 PORTIONEN) • ZUBEREITUNGSZEIT: 40 MINUTEN • EINWEICHZEIT: 8 STUNDEN ODER ÜBER NACHT

ZUTATEN:

150 g Nackthafer
300 ml Gemüsebrühe
100 g TK-Edamame
6 Kirschtomaten
2 Handvoll Rucola
2 Frühlingszwiebeln
200 g Räucherlachs

Teriyaki-Soße:

1 Knoblauchzehe
1 daumendickes Stück Ingwer
50 ml Mirin
80 ml Sojasoße
1 EL Reisessig
1 EL Rohrzucker
Salz
Pfeffer
je ½ TL schwarzer und weißer Sesam

1. Haferflocken über Nacht in Wasser einweichen. Am nächsten Tag Einweichwasser abgießen. Hafer mit Gemüsebrühe in einen Topf geben. Aufkochen lassen und anschließend bei kleiner Hitze und geschlossenem Deckel 30–35 Minuten gar köcheln, bis die Flüssigkeit vollständig verdampft ist. 5 Minuten vor Garzeitende TK-Edamame hinzugeben.
2. In der Zwischenzeit Kirschtomaten vierteln, Rucola klein zupfen und Frühlingszwiebeln in feine Ringe schneiden. Lachs in mundgerechte Stücke zupfen.
3. Für die Teriyaki-Soße den Knoblauch schälen und fein hacken. Ingwer fein reiben. Mirin, Sojasoße, Reisessig, Rohrzucker, Knoblauch und Ingwer in einen Topf geben und zum Kochen bringen. Bei kleiner Temperatur leicht dicklich einkochen lassen.
4. Gekochten Hafer mit Edamame auf 2 Schüsseln verteilen. Kirschtomaten, Rucola und Lachs darauf anrichten. Nach Belieben mit Salz und Pfeffer würzen.
5. Teriyaki-Soße darüber träufeln, mit gehackten Frühlingszwiebeln und Sesam bestreut genießen.

Pfifferling-Spinat-Risotto mit Spiegelei

(FÜR 2 PORTIONEN) • ZUBEREITUNGSZEIT: 45 MINUTEN • EINWEICHZEIT: 8 STUNDEN ODER ÜBER NACHT

ZUTATEN:

20 g getrocknete Pfifferlinge
500 ml Gemüsebrühe, heiß
1 kleine rote Zwiebel
2 EL Butter
125 g Nackthafer, grob geschrotet
50 g Parmesan, gerieben
70 g Blattspinat
Salz
Pfeffer
2 Eier, Größe M

1. Pfifferlinge in 250 ml heißer Gemüsebrühe für 30 Minuten einweichen. Anschließend ausdrücken, klein schneiden und das Einweichwasser aufbewahren.
2. Zwiebel schälen und fein hacken. 1 EL Butter in einem Topf erhitzen. Zwiebeln darin bei mittlerer Hitze glasig andünsten.
3. Pfifferlinge und Nackthafer hinzugeben und weitere 2 Minuten andünsten. Bei kleiner Hitze das Einweichwasser und die restliche Gemüsebrühe nach und nach zugießen, dabei immer wieder umrühren. Die Flüssigkeit immer erst zugießen, nachdem der Hafer die Flüssigkeit aufgenommen hat.
4. Das Risotto ist fertig, wenn es angedickt und leicht bissfest ist. Das ist nach etwa 30–35 Minuten der Fall.
5. ¾ vom geriebenen Parmesan und den Spinat unterrühren. Mit Salz und Pfeffer abschmecken. In einer Pfanne die restliche Butter (1 EL) erhitzen und die Eier darin zu Spiegeleiern braten.
6. Risotto mit dem restlichen Parmesan bestreuen und mit den Spiegeleiern belegt servieren.

Tipp:

Darf es noch etwas Knusper sein? Dafür einfach 2 EL geröstete Zwiebeln über das fertige Gericht streuen. Wer sich vegan ernährt, tauscht den Parmesan einfach gegen eine pflanzliche Alternative und lässt das Ei weg.

Hafer-Gemüse-Eintopf mit Chorizo

(FÜR 2–3 PORTIONEN) • ZUBEREITUNGSZEIT: 1 STUNDE • EINWEICHZEIT: 8 STUNDEN ODER ÜBER NACHT

ZUTATEN:

100 g Nackthafer
1 Zwiebel
250 g Kartoffeln
2 Karotten
½ Stange Lauch
¼ Bund Petersilie
2 EL Rapsöl
200 g Chorizo
1,3 l Gemüsebrühe
1 Lorbeerblatt
150 g TK-Erbsen
Salz
Pfeffer

1. Nackthafer für 8 Stunden, besser über Nacht in kaltem Wasser einweichen. Einweichwasser am nächsten Tag abgießen.
2. Zwiebel abziehen und grob hacken. Kartoffeln und Karotten schälen und würfeln. Lauch halbieren und in feine Ringe schneiden. Petersilie grob hacken.
3. Rapsöl in einem Topf erhitzen. Zwiebeln, Lauch und Chorizo darin von allen Seiten scharf anbraten. Anschließend aus dem Topf nehmen und zur Seite stellen.
4. Eingeweichten Hafer in den Topf geben und mit Gemüsebrühe aufgießen. Das Lorbeerblatt hinzugeben und zugedeckt bei kleiner Hitze 20 Minuten köcheln lassen.
5. Kartoffeln und Karotten hinzugeben und für weitere 15–20 Minuten gar ziehen lassen. 5 Minuten vor Garzeitende die Mischung aus Zwiebeln, Lauch, Chorizo und TK-Erbsen hinzugeben.
6. Eintopf mit Salz und Pfeffer abschmecken und mit Petersilie bestreut genießen.

Tipp:

Wer auf Fleisch verzichten möchte, greift einfach zu einer vegetarischen/veganen Chorizo-Alternative.

Miso-Porridge-Bowl mit mariniertem Tempeh (vegan)

(FÜR 2 PORTIONEN) • ZUBEREITUNGSZEIT: 30 MINUTEN • ZEIT ZUM MARINIEREN: 2 STUNDEN • BACKZEIT: 20 MINUTEN

ZUTATEN:

Mariniertes Tempeh:

- 100 g Tempeh
- 1 daumendickes Stück Ingwer, gerieben
- 1 Knoblauchzehe
- 1 rote Chilischote
- 2 EL Sojasoße
- 1 EL Ahornsirup
- 1 EL Sesamöl

Miso-Porridge:

- 1 rote Zwiebel
- 2 Frühlingszwiebeln
- 1 EL Rapsöl
- 100 g grobe Haferflocken
- 400 ml Wasser
- 2 TL helle Miso
- 2 TL Sojasoße
- Pfeffer
- 150 g grüner Spargel
- 2 TL Sesam
- 2 Spritzer Zitronensaft

1. Für das marinierte Tempeh: Tempeh in Scheiben schneiden. Ingwer fein reiben. Knoblauch schälen und fein hacken. Chilischote halbieren, entkernen und fein hacken. Ingwer, Knoblauch, Chilischote, Sojasoße, Ahornsirup und Sesamöl miteinander vermischen. Tempeh mit der Marinade bestreichen und für 2 Stunden marinieren lassen. (Marinade nach dem Marinieren nicht wegwerfen!)
2. Backofen auf 180 °C Ober-/Unterhitze vorheizen und ein Backblech mit Backpapier auslegen. Tempeh darauf verteilen und bei mittlerer Einschubhöhe 15–20 Minuten backen. Nach der Hälfte der Backzeit einmal wenden.
3. Für das Miso-Porridge: Zwiebel schälen, halbieren und in Streifen schneiden. Frühlingszwiebel in feine Röllchen schneiden. Rapsöl in einem Topf erhitzen. Zwiebeln darin 1 Minute anbraten. Haferflocken hinzugeben und ebenfalls kurz anbraten.
4. Mit Wasser aufgießen und bei kleiner Hitze 3–5 Minuten bis zur gewünschten Konsistenz offen köcheln lassen. Abschließend Miso unterrühren und nach Belieben mit Sojasoße und Pfeffer abschmecken.
5. Grünen Spargel von den holzigen Enden befreien, halbieren und in mundgerechte Stücke schneiden.
6. Porridge auf Tellern anrichten. Tempeh darauf verteilen. Mit grünem Spargel dekorieren und mit Sesam und Frühlingszwiebeln bestreuen. Die Bowls mit der restlichen Marinade und Zitronensaft beträufelt genießen.

Gefüllte Spitzpaprika aus dem Backofen

(FÜR 4 PORTIONEN) • EINWEICHZEIT: 8 STUNDEN ODER ÜBER NACHT • ZUBEREITUNGSZEIT: 25 MINUTEN • BACKZEIT: 25 MINUTEN

ZUTATEN:

100 g Nackthafer
400 ml Gemüsebrühe
4 rote Spitzpaprika (à 150g)
200 g Feta
150 g Champignons
1 Zwiebel
2 Knoblauchzehen
1 Zweig Thymian
1 Zweig Rosmarin
¼ Bund Petersilie
2 EL Olivenöl
3 EL Ajvar
Salz
Pfeffer
400 g gehackte Tomaten (Dose)
150 ml Gemüsebrühe

1. Nackthafer für 8 Stunden, besser über Nacht einweichen. Am nächsten Tag das Einweichwasser abgießen. Gemüsebrühe zum Kochen bringen. Hafer bei mittlerer Hitze 20–25 Minuten köcheln lassen. Anschließend abgießen und zur Seite stellen.
2. Paprikaschoten halbieren und das Kerngehäuse entfernen. Feta zerkrümeln. Champignons fein hacken. Zwiebel und Knoblauchzehen schälen und mit Thymian und Rosmarin fein hacken. Petersilie ebenfalls fein hacken.
3. Olivenöl in einer Pfanne erhitzen. Zwiebel, Knoblauch, Thymian und Rosmarin darin 2–3 Minuten anbraten. Champignons hinzugeben und für weitere 5 Minuten anbraten. Hafer und Feta untermischen. Mit 2 EL Ajvar, Salz und Pfeffer abschmecken.
4. Backofen auf 180 °C Ober-/Unterhitze vorheizen. Paprika mit Hafer-Feta-Mischung füllen. In einer feuerfesten Auflaufform gehackte Tomaten, Gemüsebrühe und 1 EL Ajvar vermischen. Mit Salz und Pfeffer würzen.
5. Paprikahälften in die Form legen und im heißen Backofen bei 40–45 Minuten garen. Nach dem Backen mit Petersilie bestreut servieren und genießen.

Tipp:

Die Gemüseeinlage lässt sich je nach Jahreszeit und Saisonalität nach Lust und Laune abwandeln.

Kürbislasagne mit Hafer-Parmesan-Kruste

(FÜR 4 PORTIONEN) • ZUBEREITUNGSZEIT: 45 MINUTEN • BACKZEIT: 40 MINUTEN

ZUTATEN:

- 2 Knoblauchzehen
- 1 Zwiebel
- ½ Bund Basilikum
- 250 g Hokkaido-Kürbis, geputzt (ohne Kerne und Stiel, reines Fruchtfleisch)
- 2 EL Olivenöl
- 400 g passierte Tomaten
- 200 g Gemüsebrühe
- 1 Dose Kichererbsen (400 g, Abtropfgewicht 265 g)
- 2 TL Oregano
- Salz
- Pfeffer
- 1 EL Butter
- 1 EL Mehl
- 400 ml Milch
- 1 Msp. Muskatnuss
- 1 Zweig Rosmarin
- 2 EL grobe Haferflocken
- 25 g Walnüsse
- 75 g Parmesan
- 200 g Lasagneplatten (12 Stück)

1. Knoblauch und Zwiebel schälen und fein hacken. Basilikum grob hacken. Kürbis grob reiben.
2. Olivenöl in einer Pfanne erhitzen. Knoblauch und Zwiebel darin 2–3 Minuten anbraten. Kürbis hinzugeben und weitere 2 Minuten andünsten. Mit Tomaten und Gemüsebrühe ablöschen.
3. Kichererbsen unterrühren und kräftig mit Basilikum, Oregano, Salz und Pfeffer abschmecken. Anschließend für 10 Minuten bei kleiner Hitze köcheln lassen.
4. Für die Béchamelsoße in einem kleinen Topf Butter schmelzen. Mehl hinzugeben und anschwitzen. Mit Milch ablöschen, unter Rühren leicht dicklich einkochen lassen und anschließend mit Muskat, Salz und Pfeffer würzen.
5. Rosmarinnadeln abzupfen und zusammen mit Haferflocken, Walnüssen und Parmesan in einem Multizerkleinerer fein zermahlen.
6. Backofen auf 200 °C Ober-/Unterhitze vorheizen und eine Auflaufform fetten. Etwas Tomaten-Gemüse-Soße auf dem Boden der Auflaufform verteilen. Darauf Béchamelsoße geben und mit Lasagneplatten bedecken.
7. Im Wechsel Lasagneplatten und Soßen schichten. Mit Béchamelsoße abschließen. Lasagne mit Haferflocken-Parmesan-Mischung bestreuen und im heißen Backofen 35–40 Minuten auf mittlerer Einschubhöhe goldbraun backen.

Puri-Salat

(FÜR 2 PORTIONEN) • ZUBEREITUNGSZEIT: 50 MINUTEN • RUHEZEIT: 30 MINUTEN

ZUTATEN:

25 g feine Haferflocken
75 g Dinkelmehl, Type 630
½ TL Knoblauchpulver
¼ TL Salz
25 g Butter, geschmolzen
40–50 ml Wasser
½ Salatgurke
150 g Kirschtomaten
½ gelbe Paprika
¼ Bund Koriander
2 Knoblauchzehen
2 EL Ponzu-Soße
2 TL Ahornsirup
1 EL Olivenöl
1 TL körniger Senf
Pfeffer
Rapsöl zum Frittieren

1. Haferflocken in einem Multizerkleinerer fein zermahlen. Mit Dinkelmehl, Knoblauchpulver, Salz und geschmolzener Butter vermengen. Dabei die Butter gut mit den Händen unter die Mehlmasse kneten.
2. Wasser esslöffelweise hinzugeben und gut durchkneten, bis ein geschmeidiger, nicht klebriger Teig entsteht. Teig anschließend abgedeckt für 30 Minuten ruhen lassen.
3. In der Zwischenzeit für den Salat Gurke und Kirschtomaten klein schneiden. Paprika entkernen und in dünne Streifen schneiden. Koriander grob hacken. Gurke, Tomaten, Paprika und Koriander in einer Schüssel miteinander vermengen.
4. Für die Salatsoße Knoblauch schälen und fein hacken. Knoblauch mit Ponzu-Soße, Ahornsirup, Olivenöl und Senf vermengen. Nach Belieben mit Pfeffer abschmecken. Dressing mit dem Salat vermischen und im Kühlschrank marinieren lassen.
5. Teig nach dem Ruhen nochmals kräftig durchkneten und anschließend 0,3 mm dünn ausrollen. Mit einem kreisrunden Ausstecher (∅ 5 cm) 24 Kreise ausstechen.
6. Rapsöl in einem kleinen Topf erhitzen. Teigkreise von beiden Seiten goldbraun und knusprig ausbacken, bis sie leicht aufpuffen. Anschließend auf einem Küchentuch abtropfen lassen.
7. Puri nach Belieben zerteilen und mit dem Salat vermengt servieren und sofort genießen.

Tipp:

Puris sind in Öl ausgebackene, ungesäuerte Fladenbrote. Sie sind ein wesentlicher Bestandteil der indischen Streetfood-Kultur.

Gandum Goreng Hafer-Gemüse-Pfanne

(FÜR 2 PORTIONEN) • EINWEICHZEIT: 8 STUNDEN ODER ÜBER NACHT • ZUBEREITUNGSZEIT: 25 MINUTEN

ZUTATEN:

100 g Nackthafer
400 ml Gemüsebrühe
1 rote Zwiebel
2 Knoblauchzehen
1 daumendickes Stück Ingwer
2 Frühlingszwiebeln
1 rote Chilischote
1 orangefarbene Paprika
150 g Brokkoli
80 g Zuckerschoten
2 EL Rapsöl
2 EL dunkle Sojasoße
Pfeffer
optional: 2 Spiegeleier

1. Nackthafer für 8 Stunden, besser über Nacht in Wasser einweichen. Am nächsten Tag das Einweichwasser abgießen. Hafer in 400 ml Gemüsebrühe 25 Minuten bei mittlerer Hitze gar köcheln lassen. Nach dem Kochen überschüssige Brühe abgießen.
2. Zwiebel schälen, halbieren und in feine Streifen schneiden. Knoblauch schälen und fein hacken. Ingwer schälen und fein reiben. Frühlingszwiebeln schräg in dünne Streifen schneiden. Chilischote halbieren, entkernen und fein hacken.
3. Paprika halbieren, entkernen und in feine Streifen schneiden. Brokkoli in lange Röschen schneiden. Zuckerschoten putzen und schräg halbieren.
4. Rapsöl in einer Pfanne erhitzen. Zwiebeln und Knoblauch darin anbraten. Hafer hinzugeben und kurz mit anbraten. Ingwer, Frühlingszwiebeln, Chili, Paprika, Brokkoli und Zuckerschoten hinzugeben und 3 Minuten bissfest braten. Mit Sojasoße ablöschen und mit Pfeffer abschmecken.
5. Hafer-Gemüse auf Tellern anrichten und optional mit Spiegelei servieren und genießen.

Fischpflanzerl mit Wasabi-Joghurt-Dip

(FÜR 10 STÜCK)

ZUTATEN:

100 g Mayonnaise
50 g griechischer Joghurt
1 TL Wasabi
400 g TK-Seelachsfilet, aufgetaut
80 g feine Haferflocken
1 Zwiebel
½ Bund Dill (20 g)
1 Ei, Größe M
1 EL mittelscharfer Senf
Salz
Pfeffer
Rapsöl zum Braten
Limetten zum Beträufeln

1. Mayonnaise, Joghurt und Wasabi miteinander verrühren. Im Kühlschrank bis zur Verwendung kalt stellen.
2. Seelachsfilet grob zerkleinern und anschließend mit Haferflocken in einem Mixer fein pürieren. Zwiebel schälen und fein hacken. Dill ebenfalls fein hacken. Seelachs-Mix, Zwiebeln und Dill in eine Schüssel geben.
3. Ei und Senf hinzugeben und zu einem Teig verkneten. Aus der Masse 10 gleich große Frikadellen formen. Mit Salz und Pfeffer würzen..
4. Rapsöl in einer Pfanne erhitzen. Fischpflanzerl darin von beiden Seiten bei mittlerer Hitze goldbraun braten. Nach dem Braten auf einem Küchenkrepp abtropfen lassen.
5. Fischpflanzerl mit Wasabi-Mayonnaise und mit Limettensaft beträufelt servieren und genießen.

Tipp:

Für die Fischpflanzerl können auch andere Fischsorten wie Lachsfilet verwendet werden.

Tipp:

Für eine vegane Variante kann die Butter gegen Rapsöl und die Sahne durch Kokosmilch ersetzt werden.

Spitzkohl-Curry-Auflauf

(FÜR 4 PORTIONEN) • ZUBEREITUNGSZEIT: 20 MINUTEN • EINWEICHZEIT: 8 STUNDEN ODER ÜBER NACHT • BACKZEIT: 60 MINUTEN

ZUTATEN:

100 g Nackthafer
400 ml Gemüsebrühe
750 g Spitzkohl
Salz
2 EL Butter, geschmolzen
2 Knoblauchzehen
1 rote Zwiebel
2 TL Currypulver
400 g gehackte Tomaten (Dose)
200 ml Sahne
1 TL Rohrzucker
Pfeffer
1 Zweig Basilikum

1. Hafer für mindestens 8 Stunden, besser über Nacht in Wasser einweichen. Am nächsten Tag das Einweichwasser abgießen.
2. Hafer mit Gemüsebrühe in einen Topf geben und zum Kochen bringen. Bei kleiner Hitze 20 Minuten köcheln lassen. Anschließend abgießen und zur Seite stellen.
3. Spitzkohl vierteln und den Strunk entfernen. Anschließend die Schnittflächen salzen und 30 Minuten stehen lassen.
4. Backofen auf 200 °C Ober-/Unterhitze vorheizen. Spitzkohl mit der Schnittkante nach unten in eine Auflaufform legen. 1 EL geschmolzene Butter darauf verteilen und für 30 Minuten im Backofen rösten.
5. In der Zwischenzeit Knoblauch und Zwiebel schälen und fein hacken. Restliche Butter (1 EL) in einer Pfanne erhitzen. Knoblauch und Zwiebeln darin 2–3 Minuten anbraten. Currypulver hinzugeben und kurz mit anbraten. Mit gehackten Tomaten und Sahne ablöschen. Soße mit Rohrzucker, Salz und Pfeffer abschmecken. 5 Minuten köcheln lassen.
6. Spitzkohl aus dem Backofen nehmen. Backofentemperatur auf 180 °C Ober-/Unterhitze reduzieren. Soße und Haferkörner in der Form verteilen und zusammen mit dem Spitzkohl für weitere 30 Minuten garen.
7. Basilikumblättchen abzupfen. Spitzkohl mit Currysoße auf Tellern anrichten und mit Basilikum bestreut servieren.

Pochierte Eier auf Tomatenporridge

(FÜR 2 PORTIONEN) • ZUBEREITUNGSZEIT: 35 MINUTEN

ZUTATEN:

2 EL Essig
2 Eier, Größe M
2 Frühlingszwiebeln
6 Kirschtomaten
1 Knoblauchzehe
1 EL Rapsöl
2 TL Tomatenmark
100 g grobe Haferflocken
400 ml Gemüsebrühe
30 g Parmesan, fein gerieben
Salz
Pfeffer
1 Avocado
2 Stängel Petersilie
2 EL Röstzwiebeln

1. Wasser in einem Topf zum Kochen bringen. Essig einrühren und die Temperatur reduzieren, sodass es nur noch leicht siedet. Eier einzeln in einer kleinen Schüssel aufschlagen.
2. Wasser mit dem Stiel eines Kochlöffels gut umrühren, bis sich ein Wirbel bildet. Das erste Ei vorsichtig in den Strudel gleiten lassen, 3–5 Minuten ziehen lassen. Anschließend mit einer Schöpfkelle vorsichtig herausnehmen und zur Seite stellen. Den Vorgang mit dem zweiten Ei wiederholen.
3. Frühlingszwiebeln in dünne Ringe schneiden. Kirschtomaten vierteln. Knoblauch schälen und fein hacken. Rapsöl in einem Topf erhitzen. Knoblauch und Tomatenmark darin 1 Minute anbraten. Haferflocken hinzugeben und ebenfalls kurz anbraten. Frühlingzwiebeln unterrühren.
4. Mit Gemüsebrühe aufgießen und bei kleiner Hitze 3–5 Minuten bis zur gewünschten Konsistenz offen köcheln lassen. Abschließend Parmesan unterrühren und nach Belieben mit Salz und Pfeffer abschmecken.
5. In der Zwischenzeit Avocado halbieren, entkernen, schälen und in dünne Scheiben schneiden. Petersilie grob hacken.
6. Porridge auf 2 Tellern anrichten. Mit Avocado, Tomaten und pochiertem Ei dekorieren. Gehackte Petersilie und Röstzwiebeln darüber streuen und genießen.

Tipp:

Wenn es mal schneller gehen muss, statt der pochierten Eier einfach Spiegeleier braten und mit dem Tomatenporridge genießen.

Tipp:

Die Pizzen können auch gleichzeitig gebacken werden. Dafür den Backofen auf 200 °C Umluft vorheizen, die Pizzen auf 2 Backbleche verteilen und für 15 Minuten goldbraun backen.

Haferflockenpizza

(FÜR 2 PIZZEN À Ø 26 CM) • ZUBEREITUNGSZEIT: 40 MINUTEN • GEHZEIT: 45 MINUTEN • BACKZEIT: 15 MINUTEN

ZUTATEN:

Teig:

300 ml Wasser, lauwarm
80 g zarte Haferflocken
½ Päckchen Hefe
2 EL Olivenöl
350 g Dinkelmehl
½ TL Zucker
1 TL Salz

Belag:

1 rote Zwiebel
2 Knoblauchzehen
2 Zweige Thymian
200 g Champignons
2 Kugeln Mozzarella
400 g Pizzatomaten (Dose)
Salz, Pfeffer
1 Zweig Basilikum
2 EL Olivenöl
1 Handvoll Rucola

1. 200 ml Wasser und Haferflocken in einen Topf geben. Aufkochen lassen und 1 Minute bei kleiner Hitze köcheln lassen. Anschließend lauwarm auskühlen lassen.
2. Hefe in restlichem Wasser (100 ml) auflösen. Anschließend mit Haferflockenmix, Olivenöl, Dinkelmehl, Zucker und Salz in einer Schüssel zu einem geschmeidigen Teig verkneten. Teig zugedeckt an einem warmen Ort 45 Minuten gehen lassen.
3. In der Zwischenzeit Zwiebel und Knoblauch schälen. Zwiebel halbieren und in Ringe schneiden und den Knoblauch fein hacken. Thymianblättchen abzupfen.
4. Champignons putzen und in Scheiben schneiden. Mozzarella abtropfen lassen und grob zerzupfen.
5. Pizzatomaten mit der Hälfte des Knoblauchs, mit Thymian, Salz und Pfeffer würzen.
6. Backofen auf 220 °C Ober-/Unterhitze vorheizen und ein Backblech mit Backpapier auslegen.
7. Teig auf einer bemehlten Arbeitsfläche zu 2 gleich großen Kreisen à Ø 26 cm ausrollen und auf das Backblech legen. Pizzatomaten auf dem Pizzaboden verstreichen und mit Zwiebelringen, Champignons und Mozzarella belegen.
8. Pizzen nacheinander im heißen Backofen 12–15 Minuten goldbraun backen. Basilikumblättchen abzupfen. Restlichen Knoblauch mit Olivenöl vermengen. Pizzen mit Basilikum, Rucola und Knoblauchöl bestreut servieren und genießen.

Pilz-Haferflocken-Bällchen in Sahne-Pilz-Soße

(FÜR 2–3 PORTIONEN) • ZUBEREITUNGSZEIT: 40 MINUTEN

ZUTATEN:

1 Zwiebel
2 Knoblauchzehen
25 g getrocknete Tomaten
2 Zweige Thymian
400 g gemischte Pilze (Champignons, Kräuterseitlinge, Pfifferlinge)
2 EL Rapsöl plus Rapsöl zum Braten
1 EL Tomatenmark
1 TL edelsüßes Paprikapulver
125 g feine Haferflocken
100 ml Gemüsebrühe
50 g Parmesan, fein gerieben
1 Ei, Größe L
Salz
Pfeffer
¼ Bund Petersilie
200 ml Sahne
1 Msp. Muskat

1. Zwiebel und Knoblauch schälen und mit getrockneten Tomaten und Thymian fein hacken. Pilze putzen. 200 g Pilze in einem Multizerkleinerer fein zerkleinern, die andere Hälfte (200 g) in mundgerechte Stücke schneiden.
2. Rapsöl in einer Pfanne erhitzen. Zwiebel, Knoblauch und Tomaten darin für 2–3 Minuten anbraten. Tomatenmark und Paprikapulver hinzugeben und kurz mit anbraten. Fein gehackte Pilze hinzugeben und für 5–7 Minuten bei mittlerer Hitze anbraten.
3. Haferlocken hinzugeben und mit Gemüsebrühe ablöschen. Pfanne vom Herd ziehen und die Haferflockenmasse lauwarm auskühlen lassen. Parmesan zusammen mit Ei unter die Haferflocken zu einem Teig verrühren. Mit Salz und Pfeffer abschmecken.
4. Anschließend aus der Masse 12 gleich große Bällchen formen. Rapsöl in einer Pfanne erhitzen. Bällchen bei mittlerer Hitze von allen Seiten für 6-8 Minuten goldbraun braten. Nach dem Braten auf einem Küchentuch abtropfen lassen.
5. Petersilie grob hacken. Restliche Pilze (200 g) in die Pfanne geben und 5 Minuten anbraten. Pilze mit Sahne ablöschen und mit Muskat, Salz und Pfeffer würzen. Pilz-Haferflocken-Bällchen mit Pilzsoße anrichten und mit Petersilie bestreut servieren.

Rucola-Kürbis-Quiche

(FÜR 6 PORTIONEN) • ZUBEREITUNGSZEIT: 20 MINUTEN • KÜHLZEIT: 30 MINUTEN • BACKZEIT: 35 MINUTEN

ZUTATEN:

Teig:

- 120 g Vollkornhafermehl
- 30 g Dinkelmehl, Type 630
- 50 g Butter, kalt
- etwas Butter zum Fetten der Form
- 2 EL Wasser, kalt
- ¼ TL Salz

Füllung:

- 125 g Hokkaido-Kürbis
- 1 rote Zwiebel
- 1 Ei, Größe M
- 300 g Ziegenfrischkäse
- 50 ml Milch
- Salz
- Pfeffer
- 2 EL Kürbiskerne
- 1 Handvoll Rucola
- 2 EL Pesto verde

1. Hafermehl, Dinkelmehl, Butter, Wasser und Salz zu einem glatten Teig verkneten. Anschließend in eine Frischhaltedose packen und 30 Minuten kalt stellen.
2. Hokkaido-Kürbis in dünne Scheiben hobeln. Zwiebel schälen, halbieren und in feine Halbringe schneiden.
3. Ei, Ziegenfrischkäse und Milch cremig rühren. Mit Salz und Pfeffer abschmecken.
4. Backofen auf 200 °C Ober-/Unterhitze vorheizen und eine Tarteform (Ø 22 cm) fetten.
5. Teig auf einer leicht bemehlten Arbeitsfläche ausrollen und in der Tarteform verteilen. Ziegenfrischkäse-Creme darauf verteilen. Mit Kürbis und Zwiebel belegen und mit Kürbiskernen bestreuen. Im heißen Backofen auf mittlerer Einschubhöhe 30–35 Minuten goldbraun backen.
6. Nach dem Backen auf einem Kuchenrost kurz auskühlen lassen. Vorsichtig aus der Form lösen. Mit Rucola bestreuen und mit Pesto beträufelt servieren.

Schnelle Flocken- und Körnerrezepte

Herzhafte Haferwaffeln mit Rote-Bete-Salat

(4 PORTIONEN) • ZUBEREITUNGSZEIT: 30 MINUTEN • RUHEZEIT: 15 MINUTEN • BACKZEIT: 35 MINUTEN

ZUTATEN:

Rote-Bete-Salat:

- 400 g Rote Bete
- 2 rote Zwiebeln
- 6 EL Olivenöl
- Salz
- Pfeffer
- 150 g Ziegenkäserolle
- 2 Birnen
- 2 Handvoll Rucola
- 1 TL mittelscharfer Senf
- 1 TL körniger Senf
- ½ EL Honig
- 1 EL Balsamico-Essig
- Salz
- Pfeffer

Waffeln:

- 200 g Dinkelmehl
- 100 g Hafermehl
- 2 TL Backpulver
- 1 Prise Salz
- 80 g Butter, geschmolzen
- 75 g Zucker
- 2 Eier, Größe M
- 400 ml Milch

1. Rote Bete schälen und achteln. Zwiebel schälen und in Ringe schneiden. Rote Bete und Zwiebeln in eine Auflaufform geben. Mit 2 EL Olivenöl beträufeln und mit Salz und Pfeffer würzen. Gemüse im 200 °C heißen Backofen bei Ober-/Unterhitze 30–35 Minuten rösten.
2. In der Zwischenzeit Dinkelmehl, Hafermehl, Backpulver und Salz miteinander vermischen. In einer weiteren Schüssel Butter, Zucker und Eier cremig rühren. Anschließend das Mehlgemisch und die Milch zu einem geschmeidigen Teig vermischen. Teig für 15 Minuten quellen lassen. Aus der Masse anschließend nacheinander 10 Waffeln goldbraun backen.
3. Ziegenkäse und Birnen in Scheiben schneiden. Rucola in mundgerechte Stücke zupfen. Für das Dressing beide Senfsorten, Honig, Balsamico-Essig und 4 EL Olivenöl cremig rühren. Nach Belieben mit Salz und Pfeffer abschmecken.
4. Waffeln auf Tellern anrichten. Mit Roter Bete, Zwiebeln, Ziegenkäse, Birne, Rucola mit Dressing beträufelt genießen.

Tipp:

Als Belag können auch süße Zutaten wie Haselnusscreme oder Beeren gewählt werden. Die Süße der Waffeln passt hervorragend zu dem herzhaften Ziegenkäse.

Honig-Paprika-Sellerie-Wedges auf Brathafer

(FÜR 2 PORTIONEN) • EINWEICHZEIT: 8 STUNDEN ODER ÜBER NACHT • ZUBEREITUNGSZEIT: 40 MINUTEN • BACKZEIT: 45 MINUTEN

ZUTATEN:

Sellerie-Wedges:

1 Sellerieknolle (etwa 600 g)
2 Knoblauchzehen
30 g Honig
4 EL Rapsöl
2 TL edelsüßes Paprikapulver
1 TL Kräuter der Provence
1 EL dunkle Sojassoße
Pfeffer

Brathafer:

100 g Nackthafer
400 ml Gemüsebrühe
1 rote Zwiebel
2 Frühlingszwiebeln
1–2 EL dunkle Sojasoße
Zitronensaft
1 TL Sesam, geröstet

1. Nackthafer für 8 Stunden, besser über Nacht in Wasser einweichen. Am nächsten Tag das Einweichwasser abgießen. Hafer in 400 ml Gemüsebrühe 25 Minuten bei mittlerer Hitze gar köcheln lassen. Nach dem Kochen überschüssiges Wasser abgießen.
2. Sellerie gründlich waschen und die Schale mit einer Gemüsebürste abbürsten. Strunk mit Grün abschneiden. Backofen auf 180 °C Ober-/Unterhitze vorheizen und ein Backblech mit Backpapier auslegen.
3. Sellerie achteln. Knoblauch schälen und fein hacken. Knoblauch, Honig, 3 EL Rapsöl, Paprikapulver, Kräuter der Provence und Sojasoße vermischen. Mit Pfeffer abschmecken.
4. Sellerie mit der Marinade von beiden Schnittseiten bestreichen. Dabei die Wurzelrückseite aussparen, diese wird nicht mitverzehrt. Sellerie mit der Schnittfläche nach unten auf das Backblech legen. Im heißen Backofen auf mittlerer Einschubhöhe 45 Minuten garen.
5. In der Zwischenzeit für den Brathafer Zwiebel schälen, halbieren und in Streifen schneiden. Frühlingszwiebeln schräg in dünne Ringe schneiden.
6. 1 EL Rapsöl in einer Pfanne erhitzen. Zwiebel darin 2–3 Minuten anbraten. Hafer hinzugeben und für weitere 2 Minuten anbraten. Mit Sojasoße ablöschen. Nach Belieben mit Pfeffer abschmecken.
7. Sellerie-Wedges und Brathafer auf Tellern anrichten und mit Frühlingszwiebeln, Sesam und ein paar Spritzern Zitronensaft beträufelt genießen.

Hafersprossen von der Fensterbank

(FÜR 2 PORTIONEN) • EINWEICHZEIT: 8 STUNDEN ODER ÜBER NACHT • KEIMDAUER: 2–3 TAGE

ZUTATEN:

4 EL Sprießkornhafer
außerdem: Sprossenglas

1. Sprießkornhafer in kaltem Wasser spülen. Anschließend in ein Glas geben und mit Wasser füllen, bis die Körner vollständig bedeckt sind. 8 Stunden oder über Nacht einweichen lassen.
2. Einweichwasser am nächsten Tag abgießen. Haferkörner in ein Keimglas mit Abtropfgitter geben und 2- bis 3-mal täglich mit kaltem Wasser spülen.
3. Diesen Vorgang für die nächsten 2–3 Tage wiederholen. Das Keimglas an einen hellen Platz stellen. Hafer ist ein Lichtkeimer und bevorzugt indirektes Sonnenlicht.
4. Nach 2–3 Tagen können die Keimlinge geerntet werden. In einer Frischhaltedose verpackt, hält sich der gekeimte Hafer bis zu 2 Tagen im Kühlschrank.

Tipp:

Hafersprossen haben eine leicht nussige Note und schmecken wunderbar im Müsli, in Salaten oder einfach auf dem Butterbrot.

Feta mit Sesam-Hafer-Kruste und Chili-Dressing

(FÜR 2 PORTIONEN) • ZUBEREITUNGSZEIT: 25 MINUTEN

ZUTATEN:

Chili-Dressing:

1 rote Chilischote
1 Knoblauchzehe
1 Frühlingszwiebel
1 EL dunkle Sojasoße
1 TL Sesamöl
2 TL Ahornsirup
Pfeffer

Feta:

200 g Feta
1 TL weißer Sesam
1 TL schwarzer Sesam
2 EL grobe Haferflocken
1 Ei, Größe M
2 EL Vollkornhafermehl
Rapsöl zum Ausbacken

1. Für das Dressing Chilischote halbieren, entkernen und fein hacken. Knoblauch schälen und ebenfalls fein hacken. Frühlingszwiebel in feine Röllchen schneiden.
2. Die zerkleinerte Chilischote, Knoblauch, Frühlingszwiebel, 2 EL Wasser, Sojasoße, Sesamöl und Ahornsirup miteinander vermengen. Nach Belieben mit Pfeffer abschmecken.
3. Feta auf einem Küchentuch trocken tupfen. Beide Sesamsorten und Haferflocken miteinander vermischen. Ei in einem tiefen Teller verquirlen.
4. Feta zuerst in Hafermehl, anschließend in Ei und zuletzt im Haferflocken-Sesam-Mix wenden.
5. Rapsöl in einer Pfanne erhitzen. Feta von beiden Seiten bei mittlerer Hitze goldbraun braten. Feta auf einem Teller anrichten, mit dem Chili-Dressing beträufeln und genießen.

Tipps:

Wer sich vegan ernährt, ersetzt den Feta ganz einfach durch eine pflanzliche Feta-Variante.

Für einen fruchtigen Twist 1 EL klein gewürfelte Mango unter das Dressing rühren.

Griechischer Hafersalat mit Feta

(FÜR 2 PORTIONEN) • ZUBEREITUNGSZEIT: 40 MINUTEN • EINWEICHZEIT: 8 STUNDEN ODER ÜBER NACHT

ZUTATEN:

Salat:

- 125 g Nackthafer
- 250 ml Gemüsebrühe
- 2 Tomaten
- ¼ Salatgurke
- 1 rote Zwiebel
- 50 g schwarze Oliven
- 100 g Feta
- 2 Stängel Thymian

Dressing:

- 1 Knoblauchzehe
- ¼ Bund Schnittlauch
- 3 EL Olivenöl
- 2 EL Balsamico-Essig
- 2 TL Honig
- Salz
- Pfeffer

1. Hafer über Nacht in Wasser einweichen. Am nächsten Tag das Einweichwasser abgießen. Haferkörner mit Gemüsebrühe in einen Topf geben. Aufkochen lassen und anschließend bei kleiner Hitze und geschlossenem Deckel 30–35 Minuten gar köcheln, bis die Flüssigkeit vollständig verdampft ist.
2. In der Zwischenzeit Tomaten in mundgerechte Stücke schneiden. Salatgurke mit einem Sparschäler in dünne Streifen hobeln. Zwiebel halbieren und in dünne Streifen schneiden. Oliven halbieren oder in Scheiben schneiden. Feta grob zerkrümeln. Thymian fein hacken.
3. Für das Dressing die Knoblauchzehe schälen und mit dem Schnittlauch fein hacken. Anschließend in eine kleine Schüssel geben und mit Olivenöl, Essig und Honig vermengen. Mit Salz und Pfeffer abschmecken.
4. Alle Zutaten für den Salat in eine Schüssel geben. Das Dressing darüber geben, gut durchmischen und genießen.

Tipps:

Am besten schmeckt der Salat, wenn er 15 Minuten durchziehen kann. Der Saft von Tomate und Gurke tritt aus und vermischt sich mit dem Dressing zu einer unwiderstehlichen Salatsoße.

Wer sich vegan ernährt, kann den Feta gegen eine pflanzliche Variante austauschen und den Honig durch Ahornsirup ersetzen.

Haferpolenta mit Salbei-Tomaten

(4 PORTIONEN) • ZUBEREITUNGSZEIT: 25 MINUTEN • KÜHLZEIT: 1 STUNDE

ZUTATEN:

80 g kernige Haferflocken
125 ml Milch
250 ml Gemüsebrühe
50 g Polenta
60 g Parmesan, gerieben
3 EL Butter
Salz
Pfeffer
10 Salbeiblätter
400 g Kirschtomaten

1. Haferflocken in einen Multizerkleinerer geben und fein zermahlen. Milch und Gemüsebrühe in einem Topf zum Kochen bringen. Haferflocken und Polenta einrieseln lassen. Bei geringer Hitze zu einer cremigen Masse verrühren.
2. Topf vom Herd ziehen und 50 g geriebenen Parmesan und 1 EL Butter unterrühren. Mit Salz und Pfeffer würzen. Die Masse mit einem in kaltes Wasser getauchten Löffel auf ein mit Backpapier ausgelegtes Backblech (15 × 25 cm) streichen und mindestens 1 Stunde im Kühlschrank auskühlen lassen.
3. Haferpolenta anschließend in 10 gleich große Rechtecke schneiden. Übrige Butter (2 EL) in einer Pfanne erhitzen. Salbei darin schwenken, bis die Butter angenehm nach Salbei duftet. Polenta in der Pfanne von beiden Seiten goldbraun braten. Anschließend aus der Pfanne nehmen und zur Seite stellen.
4. Kirschtomaten kurz in der Butter schwenken. Anschließend mit Polentastreifen, Salbei, Tomaten und restlichem Parmesan (10 g) bestreut servieren. Nach Belieben mit Salz und Pfeffer würzen.

Tipp:

Für eine süße Variante einfach die Gemüsebrühe gegen Wasser und den Parmesan gegen 40 g Ahornsirup tauschen. Dazu schmeckt eine in Scheiben geschnittene und in Butter geschwenkte Birne ganz hervorragend. Aber auch leckere Sommerfrüchte sind ein wahrer Hochgenuss.

Asiatischer Melonensalat

(FÜR 4 PORTIONEN) • ZUBEREITUNGSZEIT: 25 MINUTEN • KÜHLZEIT: 1 STUNDE • EINWEICHZEIT: 8 STUNDEN ODER ÜBER NACHT

ZUTATEN:

- 50 g Nackthafer
- 1 kg Wassermelone, kernlos
- 2 Fühlingszwiebeln
- 1 EL Sesam
- 3 EL Ponzu-Soße mit Zitronengeschmack
- 1 EL Sesamöl
- 2 EL Röstzwiebeln
- optional: ½ TL Chiliflocken

1. Nackthafer für mindestens 8 Stunden, besser über Nacht einweichen. Am nächsten Tag das Einweichwasser abgießen. Hafer mit 150 ml Wasser in einen Topf geben und zum Kochen bringen. Bei kleiner Hitze 30 Minuten köcheln lassen. Anschließend Kochwasser abgießen und Hafer zur Seite stellen.
2. Wassermelone zerteilen, Fruchtfleisch ausauslösen und in mundgerechte Würfel schneiden. Frühlingszwiebeln schräg in feine Röllchen schneiden. Sesam in einer Pfanne ohne Fett anrösten.
3. Ponzu-Soße und Sesamöl miteinander vermischen. Hafer, Wassermelone und Frühlingszwiebeln in einer Schüssel vermengen. Würzsoße darüber träufeln.
4. Mit geröstetem Sesam, Röstzwiebeln und optional Chiliflocken bestreuen und vermischen. Im Kühlschrank für mindestens 1 Stunde marinieren lassen.

Tipps:

Dieser asiatische Sommersalat ist herrlich erfrischend. 2 Stängel grob gehackter Koriander unter den Salat gemischt, machen ihn zur exotischen Geschmacksexplosion.

Das Einweichwasser vom Nackthafer kann übrigens wunderbar als Gießwasser für Zimmer- und Balkonpflanzen verwendet werden.

Tomatenplätzchen mit Schnittlauch-Schmand-Dip

(FÜR 2 PORTIONEN) • ZUBEREITUNGSZEIT: 35 MINUTEN

ZUTATEN:

Schnittlauch-Schmand-Dip:

1 Knoblauchzehe
½ Bund Schnittlauch
100 g Schmand
Salz
Pfeffer

Tomatenplätzchen:

4 schnittfeste Tomaten
30 g Kürbiskerne
80 g grobe Haferflocken
40 g Hafermehl
Salz
Pfeffer
1 Ei, Größe M
1 EL Milch
Rapsöl zum Ausbacken

1. Knoblauch schälen und mit dem Schnittlauch fein hacken. Schmand mit Knoblauch und Schnittlauch mischen. Abschließend mit Salz und Pfeffer abschmecken und bis zur Verwendung im Kühlschrank kalt stellen.
2. Tomaten entstrunken und in daumendicke Scheiben schneiden. Kürbiskerne grob hacken.
3. Kürbiskerne und Haferflocken auf einem Teller vermischen. Hafermehl mit Salz und Pfeffer vermischen und ebenfalls auf einen Teller geben. Ei und Milch miteinander verquirlen.
4. Tomatenscheiben erst in Hafermehl, dann in Ei und anschließend in den Haferflocken wenden. Die Panade dabei vorsichtig andrücken.
5. Rapsöl in einer Pfanne erhitzen. Die Tomatenplätzchen im heißen Öl bei mittlerer Hitze von beiden Seiten goldbraun backen.
6. Nach dem Backen auf einem Küchenkrepp abtropfen lassen. Mit Schnittlauch-Schmand-Dip servieren und genießen.

Gepuffter Curryhafer – herzhaftes Topping für Salate, Suppen und Porridge

(FÜR 10 PORTIONEN) • ZUBEREITUNGSZEIT: 20 MINUTEN

ZUTATEN:

- 50 g Nackthafer
- 20 g Sonnenblumenkerne
- 20 g Kürbiskerne
- 20 g gehobelte Mandeln
- 2 TL Schwarzkümmel, alternativ: Sesam
- 1 TL Rapsöl
- 1 TL Ahornsirup
- ½ TL Currypulver
- Salz
- optional: ¼ TL Chilipulver für extra Schärfe

1. Hafer in einer Pfanne ohne Öl bei mittlerer Hitze rösten, bis er zu poppen beginnt. Dabei immer wieder umrühren, damit die Körner nicht verbrennen. Anschließend auf einem Teller auskühlen lassen.
2. Backofen auf 180 °C Ober-/Unterhitze vorheizen und ein Backblech mit Backpapier auslegen.
3. Hafer, Sonnenblumen- und Kürbiskerne, Mandeln und Schwarzkümmel miteinander vermengen. Rapsöl, Ahornsirup, Currypulver, Salz und optional Chilipulver unterheben.
4. Mischung auf dem Backblech verteilen und im heißen Backofen 8–10 Minuten goldbraun rösten. Nach dem Rösten abkühlen lassen. In ein Glas geben und luftdicht verschließen.

Tipp:

Für eine süße Knuspervariante das Currypulver weglassen und durch ½ TL Zimt ersetzen. Statt 1 TL Ahornsirup 2 TL verwenden. Außerdem das Mark von ½ Vanilleschote unterrühren.

Asiatische Hackbällchen in Tomaten-Kokos-Curry-Soße

(FÜR 2 PORTIONEN) • ZUBEREITUNGSZEIT: 30 MINUTEN

ZUTATEN:

1 rote Zwiebel
1 Knoblauchzehe
250 g Hackfleisch oder vegetarische Hackfleisch-Alternative
75 g feine Haferflocken
1 Ei, Größe M
4 EL Sojasoße
2 EL Ketjap Manis
Pfeffer
2 EL Rapsöl
1 EL rote Currypaste
400 g gehackte Tomaten (Dose)
150 ml Kokosmilch
Salz
1 Frühlingszwiebel
2 Stängel Koriander
1 TL Sesam

1. Zwiebel und Knoblauch schälen und fein hacken. Mit Hackfleisch, Haferflocken, Ei, 2 EL Sojasoße und 1 EL Ketjap Manis vermengen. Mit Pfeffer abschmecken und zu 12 gleich großen Bällchen formen.
2. Rapsöl in einer Pfanne erhitzen. Hackbällchen bei mittlerer Hitze 6–8 Minuten goldbraun braten. Hackbällchen aus der Pfanne nehmen und zur Seite stellen.
3. Currypaste in die Pfanne geben und kurz anbraten. Mit gehackten Tomaten und Kokosmilch aufgießen. Mit 2 EL Sojasoße, 1 EL Ketjap Manis und Pfeffer abschmecken. Currysoße bei kleiner Hitze 10 Minuten köcheln lassen. Nach Belieben mit Salz und Pfeffer abschmecken.
4. Frühlingszwiebel fein hacken. Korianderblätter abzupfen. Hackbällchen mit Currysoße auf Tellern anrichten. Mit Frühlingszwiebeln, Koriander und Sesam bestreut servieren.

Tipp:

Für eine fruchtige Komponente einfach 80 g gewürfelte Mango unter das Curry rühren.

Paprika-Pekan-Aufstrich

(1 GLAS À 6 PORTIONEN) • ZUBEREITUNGSZEIT: 15 MINUTEN • BACKZEIT: 30 MINUTEN

ZUTATEN:

2 rote Paprika, etwa 350 g
1 rote Chilischote
2 Knoblauchzehen
50 g Pekannüsse oder Walnüsse
50 g Feta
3 EL Olivenöl
1 EL Haferkleie
½ TL gemahlener Kreuzkümmel
½ TL edelsüßes Paprikapulver
Salz
Pfeffer

1. Backofen auf 220 °C Ober-/Unterhitze vorheizen und eine Auflaufform fetten.
2. Paprika halbieren, entkernen und mit der Hautseite nach oben in eine gefettete Auflaufform legen. Im heißen Backofen 25–30 Minuten rösten, bis die Haut dunkel wird und Blasen schlägt.
3. Nach dem Rösten für 15 Minuten auskühlen lassen. Anschließend die Haut abziehen.
4. Chilischote halbieren und entkernen. Knoblauch schälen und zusammen mit der Paprika, der Chilischote, den Pekannüssen, dem Feta und dem Olivenöl in einen Mixer geben und fein pürieren.
5. Haferkleie unterrühren und mit Kreuzkümmel, Paprikapulver, Salz und Pfeffer abschmecken.
6. Den Aufstrich in ein Glas füllen und bis zur Verwendung im Kühlschrank (hält sich etwa 5 Tage) aufbewahren.

Deftige Hafer-Hühnersuppe

(FÜR 4 PORTIONEN) • ZUBEREITUNGSZEIT: 50 MINUTEN

ZUTATEN:

- 1 l Wasser
- 1 Hähnchenschenkel
- 3–4 TL gekörnte Gemüsebrühe
- 1 Zwiebel
- 2 Knoblauchzehen
- 1 Karotte
- 2 mittelgroße Kartoffeln
- 1 kleine Zucchini
- ½ Stange Lauch
- 2 Frühlingszwiebeln
- 2 EL Rapsöl
- 1½ EL Tomatenmark
- 2 TL edelsüßes Paprikapulver
- 40 g grobe Haferflocken
- 1 TL Majoran
- Salz
- Pfeffer

1. Wasser mit dem Hähnchenschenkel in einen Topf geben und zum Kochen bringen. 30 Minuten bei mittlerer Hitze köcheln lassen. Hühnerbrühe nach dem Kochen mit Gemüsebrühe verrühren und zur Seite stellen.
2. Hähnchenschenkel kurz auskühlen lassen. Das Fleisch anschließend mit einer Gabel vom Fleisch lösen.
3. Zwiebel und Knoblauch schälen und fein hacken. Karotte und Kartoffeln schälen und in mundgerechte Würfel schneiden. Zucchini ebenfalls würfeln. Lauch und Frühlingszwiebeln in feine Ringe schneiden.
4. Rapsöl ein einem Topf erhitzen. Zwiebeln und Knoblauch darin anbraten. Tomatenmark hinzugeben und darin anrösten. Paprikapulver und Haferflocken hinzugeben und kurz mit anrösten.
5. Karotten, Kartoffeln, Zucchini, Lauch und Majoran hinzugeben und mit der Hähnchen-Gemüse-Brühe (etwa 800 ml Flüssigkeit nach dem Kochen) aufgießen.
6. Bei kleiner Hitze 15-20 Minuten gar köcheln lassen. Nach Belieben mit Salz und Pfeffer abschmecken.
7. Suppe mit Hähnchenfleisch und Frühlingszwiebeln servieren und genießen.

Tipp:

Für eine vegane Variante einfach 800 ml Gemüsebrühe verwenden und Schritt 1 und 2 auslassen. Statt Hähnchenfleisch einfach vegane Würstchen in die Suppe schneiden.

Unser täglich Brot!

Gefüllte Haferpfannkuchen mit Camembert und Kirschen

(FÜR 6 STÜCK) • ZUBEREITUNGSZEIT: 25 MINUTEN

ZUTATEN:

Pfannkuchen:

2 Eier, Größe M
200 ml Milch
50 ml Mineralwasser
1 Prise Salz
150 g Hafermehl
Rapsöl zum Ausbacken

Füllung:

3 Frühlingszwiebeln
12 Radieschen
18 Kirschen
180 g Camembert
150 g Frischkäse
120 g Handvoll Rucola
Salz
Pfeffer

1. Eier, Milch und Mineralwasser miteinander verrühren. Salz und Hafermehl hinzugeben und gut vermischen.
2. Rapsöl mit einem Pinsel in einer beschichteten Pfanne verstreichen. Teig hinzugeben und bei mittlerer Hitze nacheinander 6 Pfannkuchen (∅ 20 cm) goldbraun backen.
3. Für die Füllung Frühlingszwiebeln in feine Röllchen schneiden. Radieschen klein schneiden. Kirschen entkernen und halbieren. Camembert in Scheiben schneiden.
4. Pfannkuchen mit Frischkäse bestreichen. Frühlingszwiebeln, Radieschen, Kirschen, Camembert und Rucola darauf verteilen. Mit Salz und Pfeffer würzen. Pfannkuchen eng aufrollen.
5. Mit einem scharfen Messer in daumendicke Röllchen schneiden und genießen.

Tipp:

Für süße Apfelpfannkuchen 1 Apfel in dünne Scheiben schneiden. Den Teig wie oben beschrieben mit zusätzlich 50 g Puderzucker anrühren. Teig in die Pfanne geben, mit Apfelscheiben belegen und goldbraun ausbacken.

Hafer-Knäckebrot

(FÜR 12 SCHEIBEN) • ZUBEREITUNGSZEIT: 20 MINUTEN • BACKZEIT: 50 MINUTEN

ZUTATEN:

80 g Sonnenblumenkerne
50 g Kürbiskerne
40 g Leinsamen
150 g Vollkornhafermehl
50 g Dinkelmehl, Type 630
80 g grobe Haferflocken
1 EL Hanfsamen, geschält
½ TL Salz
2 EL Olivenöl
225 ml Wasser

1. Backofen auf 180 °C Ober-/Unterhitze vorheizen und ein Backblech mit Backpapier auslegen.
2. Sonnenblumenkerne, Kürbiskerne und Leinsamen in einer kleinen Schüssel vermischen.
3. Hafermehl, Dinkelmehl, Haferflocken, Hanfsamen, Salz, Olivenöl, Wasser und die Hälfte des Körnermix in eine Schüssel geben und gut vermengen.
4. Den Teig auf das mit Backpapier ausgelegte Backblech geben und auf die Größe des Backbleches ausstreichen. (Am besten lässt sich der klebrige Teig mit einem nassen Löffel verteilen. Dafür den Löffel immer wieder in kaltes Wasser tauchen.)
5. Die andere Hälfte des Körnermix auf der Teigmasse verteilen und andrücken. Im heißen Backofen 15 Minuten backen. Anschließend mit einem Pizzaroller in 12 gleich große Rechtecke schneiden.
6. Knäckebrot für weitere 30–35 Minuten backen. Vollständig auskühlen lassen, erst dann luftdicht verpacken.

Tipp:

Statt Kürbis und Co. schmecken auch Sesam, gehackte Walnüsse oder Röstzwiebeln ganz wunderbar im Knäckebrot.

Tipp:

Wie wäre es mit einer leckeren Feta-Spinat-Füllung? Dafür einfach zusätzlich 200 g Spinat mit den Zwiebeln andünsten. Beim Belegen des Teiges noch 150 g Feta darauf streuen und aufrollen.

Hafer-Zwiebel-Schnecken

(FÜR 12 STÜCK) • ZUBEREITUNGSZEIT: 35 MINUTEN •
GEHZEIT: 60 MINUTEN • BACKZEIT: 30 MINUTEN

ZUTATEN:

300 ml Wasser, lauwarm
80 g zarte Haferflocken
3 EL Olivenöl
½ Würfel Hefe (21 g)
350 g Dinkelmehl, Type 630
½ TL Zucker
1 TL Salz
2 große Zwiebeln
4 Knoblauchzehen
½ Bund Petersilie
50 g Butter
Butter zum Fetten der Backform
Salz
Pfeffer
2 TL Sesam

1. 200 ml Wasser, Haferflocken und 2 EL Olivenöl in einen Topf geben. Aufkochen lassen und 1 Minute bei kleiner Hitze köcheln lassen. Anschließend lauwarm auskühlen lassen.
2. Hefe in 100 ml lauwarmem Wasser auflösen. Hefewasser, Haferflockenmix, Dinkelmehl, Zucker und Salz in einer Schüssel zu einem geschmeidigen Teig verkneten. Teig zugedeckt an einem warmen Ort 45 Minuten gehen lassen.
3. In der Zwischenzeit Zwiebeln und Knoblauch schälen und fein hacken. Petersilie fein hacken. Butter in einer Pfanne erhitzen. Zwiebel und Knoblauch darin 5 Minuten bei mittlerer Hitze glasig andünsten. Petersilie unterrühren und anschließend kräftig mit Salz und Pfeffer abschmecken.
4. Teig auf einer bemehlten Arbeitsfläche auf eine Größe von 30×30 cm ausrollen. Mit der Zwiebelfüllung bestreichen und anschließend eng aufrollen. Mit einem scharfen Messer 12 Stücke von der Teigrolle schneiden und in eine gefettete Auflaufform oder auf ein mit Backpapier ausgelegtes Backblech legen. Mit restlichem Olivenöl (1 EL) bestreichen und mit dem Sesam bestreuen.
5. Backofen auf 180 °C Ober-/Unterhitze vorheizen. Teigschnecken nochmals 15 Minuten gehen lassen. Im Anschluss für 25–30 Minuten im heißen Backofen goldbraun backen.
6. Nach dem Backen auf einem Kuchenrost auskühlen lassen und genießen.

Aprikosen-Müsli-Kuchen

(FÜR 6 PORTIONEN) • ZUBEREITUNGSZEIT: 20 MINUTEN • BACKZEIT: 50 MINUTEN

ZUTATEN:

- 225 g Zuckeraprikosen
- 125 g Butter
- 125 g Rohrzucker
- ¼ TL Salz
- 1 TL Vanilleextrakt
- 2 Eier, Größe M
- 100 g Joghurt
- 50 g Haferkleie
- 125 g Dinkelmehl, Type 1080
- 2 TL Backpulver
- 25 g Zimt-Granola-Bites (Seite 20)

1. Eine Springform (Ø 20 cm) fetten oder mit Backpapier auslegen. Aprikosen halbieren, entkernen und anschließend vierteln. Butter, Zucker, Salz und Vanilleextrakt in einer Schüssel cremig rühren. Eier und Joghurt unterrühren.
2. Haferkleie, Dinkelmehl und Backpulver miteinander vermischen. Mehlgemisch zur Buttermischung geben und zu einem geschmeidigen Teig verrühren. Backofen auf 180 °C Ober-/Unterhitze vorheizen.
3. Teig gleichmäßig auf dem Boden der Springform verteilen. Aprikosen mit der Schnittfläche nach oben auf dem Teig verteilen und anschließend mit dem Müsli bestreuen.
4. Im heißen Backofen auf mittlerer Einschubhöhe 45–50 Minuten goldbraun backen. Nach dem Backen auf einem Kuchengitter vollständig auskühlen lassen. Erst dann aus der Backform lösen und genießen.

Tipp:

Keine Saison für Aprikosen? Kein Problem. Außerhalb der Saison schmecken auch Äpfel, Birnen, Pflaumen, Himbeeren oder Heidelbeeren ganz wunderbar im Kuchen.

Haferflockenbrot

(FÜR 1 KASTENFORM, 11 × 22 CM) • ZUBEREITUNGSZEIT: 25 MINUTEN • BACKZEIT: 30 MINUTEN

ZUTATEN:

Brotteig:

- 70 g feine Haferflocken
- 100 ml Milch
- 50 g Butter
- 1 Päckchen Trockenhefe (7 g)
- 250 g Dinkelmehl, Type 630
- 1 EL Zucker
- 1 TL Salz
- 1 Ei, Größe M

Topping:

- 1 Ei, Größe M
- 1 EL Milch
- 1 EL kernige Haferflocken

1. Haferflocken in einem Multizerkleinerer fein schroten. Es sollte kein Mehl sein, sondern es dürfen noch kleine Körnerreste zu sehen sein.
2. Milch und Butter in einem Topf schmelzen und lauwarm abkühlen lassen. Trockenhefe in die lauwarme Milch einrühren und anschließend mit Dinkelmehl, fein geschroteten Haferflocken, Zucker, Salz und Ei in eine Schüssel geben.
3. Alle Zutaten für mindestens 5 Minuten zu einem geschmeidigen Teig verkneten. An einem warmen Ort zugedeckt 60 Minuten gehen lassen.
4. Kastenform mit Backpapier auslegen. Teig auf einer leicht bemehlten Arbeitsfläche nochmals kräftig durchkneten. Den Teig in die Kastenform legen und erneut für 45 Minuten bis 1 Stunde gehen lassen, bis er sich deutlich vergrößert hat.
5. Für das Topping Ei mit Milch verquirlen. Backofen auf 180 °C Ober-/Unterhitze vorheizen. Das Brot mit dem verquirlten Ei bestreichen. Anschließend mit Haferflocken bestreuen.
6. Im heißen Backofen 30 Minuten goldbraun backen. Nach dem Backen auf einem Kuchenrost vollständig auskühlen lassen.

Tipp:

Das Brot schmeckt auch getoastet ganz hervorragend.

Fruchtige Müslistangen

(FÜR 14 STÜCK) • ZUBEREITUNGSZEIT: 40 MINUTEN • GEHZEIT: 45 MINUTEN • BACKZEIT: 18 MINUTEN

ZUTATEN:

250 ml Milch
50 g Butter
¼ Würfel frische Hefe (11 g)
40 g Mandeln
300 g Dinkelmehl, Type 1080
100 g Haferflocken
50 g Honig
1 Prise Salz
50 g getrocknete Früchte (Cranberrys, Rosinen etc.)
50 g Sonnenblumenkerne
25 g Kürbiskerne
30 g Haferflocken zum Ausrollen

1. Milch und Butter in einen Topf geben, sodass die Butter schmilzt. Anschließend lauwarm abkühlen lassen. Hefe in die Milchmischung bröseln und vollständig auflösen. Mandeln grob hacken.
2. Dinkelmehl, Haferflocken, Honig und Salz in einer Schüssel verkneten. Getrocknete Früchte, Mandeln, Sonnenblumen- und Kürbiskerne unterkneten (Achtung, der Teig ist leicht klebrig!). Teig zugedeckt an einem warmen Ort 45 Minuten gehen lassen.
3. Backofen auf 200 °C Ober-/Unterhitze vorheizen und ein Backblech mit Backpapier auslegen. Den Teig auf einer leicht bemehlten Arbeitsfläche in 14 gleich große Stücke teilen. Haferflocken auf der Arbeitsfläche verteilen.
4. Jeden Teigling anschließend auf eine Länge von 14 cm in den Haferflocken rollen. Müslistangen auf das Backblech legen und im heißen Backofen 15–18 Minuten backen.
5. Nach dem Backen auf einem Kuchenrost vollständig auskühlen lassen.

Tipp:

Die Müslistangen lassen sich super einfrieren und nach Bedarf auftauen. Auf dem Brötchenaufsatz des Toasters werden sie besonders knusprig.

Haferflocken-Pancakes

(FÜR 10 PANCAKES)N • ZUBEREITUNGSZEIT: 20 MINUTEN • RUHEZEIT: 10 MINUTE

ZUTATEN:

- 180 g kernige Haferflocken
- 2 TL Chiasamen oder Leinsamen, geschrotet
- 2 TL Backpulver
- 1 Prise Salz
- 200 ml ungesüßter Mandeldrink
- 180 ml Mineralwasser
- Rapsöl zum Ausbacken

1. Haferflocken und Chiasamen in einen Multizerkleinerer geben und fein zermahlen. Anschließend mit Backpulver und Salz in einer Schüssel miteinander vermischen. Mandeldrink und Mineralwasser hinzugeben und zu einem geschmeidigen Teig vermengen. Teig anschließend 10 Minuten quellen lassen.
2. Rapsöl in einer Pfanne erhitzen. 2 EL Teig in die Pfanne geben und nacheinander 10 Pancakes goldbraun ausbacken. Pancakes nach Belieben mit Ahornsirup oder Honig süßen und mit Beeren und Obst dekoriert servieren.

Tipps:

Im Handel gibt es bereits Hafermehl, das Sie anstatt der Haferflocken für die Zubereitung der Pancakes verwenden können.

Da sich im Teig kein Zucker versteckt, schmecken die Pancakes auch mit einem herzhaften Topping ganz hervorragend.

ÜBER DIE AUTORIN

Sabrina Sue Daniels ist eine absolute Food-Enthusiastin. Als leidenschaftlicher Foodie greift sie gerne neue Foodtrends auf, aus denen sie leckere, gesunde und ästhetische Rezepte kreiert. Neben der Rezeptentwicklung arbeitet Sabrina regelmäßig als Autorin, Fotografin und Foodstylistin. Bezeichnend für ihre Fotografie sind farbenfrohe und kraftvoll inszenierte Foodfotos, die zum genussvollen Schlemmen einladen. Ihr Motto ist „Beautiful food for beautiful people"!

Als ausgebildeter Ernährungscoach liegt Sabrina eine ausgewogene und nachhaltige Ernährungsweise mit Genuss sehr am Herzen. Dazu passt das Superfood Hafer natürlich perfekt!

HAFER

ZUTATENREGISTER

Hafer ist ein wahres Superfood und dazu noch regional! Er ist ein natürlicher Cholesterinsenker, reguliert den Blutdruck und den Insulinspiegel und ist gut für das Immunsystem – er enthält viele Ballaststoffe und ist perfekt für eine gesunde Ernährung. Darüber hinaus ist Hafer einfach lecker und eignet sich wunderbar für viele unkomplizierte Rezeptideen, die man selber machen kann: Nicht nur die fast schon klassischen Overnight Oats und Riegel, sondern auch herzhafte Gerichte wie Pfifferling-Spinat-Risotto, Kürbislasagne, Feta mit Sesam-Hafer-Kruste und gepuffter Curryhafer oder Gebackenes, zum Beispiel Haferflockenbrot und Hafer-Zwiebel-Schnecken, überzeugen von der Vielfalt des Superfoods.

riva

Wir produzieren nachhaltig
www.rivaverlag.de

ISBN 978-3-7423-2248-7